Matthieu Clayet
Vincent Quivy

Nous, les **enfants** de 1991

De la naissance à l'âge adulte

Éditions Wartberg

Mentions légales

Crédits photographiques :

Archives personnelles de Florence Clayet, Annie et Vincent Quivy, p. 4-5, 8, 10-12, 14, 16-17, 19, 21-22, 24, 26-28, 30b, 32-33, 35-37, 39-40, 43, 46-47, 49-50h, 52-53, 56, 59-60, 62-63.
© Gallimard, p. 55.
© Picture-alliance / dpa, p. 7, 9, 30h, 50b, 54, 57h, 58 ; Picture-alliance / AFP, p. 6 ;
Picture-alliance / Rolf Kosecki, p. 13 ; Picture-alliance / Sportreport, p. 15 ;
Picture-alliance / Alex Urosevic / iPhoto.ca / Newscom, p. 18 ;
Picture-alliance / PhotoPQR / Voix du Nord, p. 20 ; Picture-alliance / dpaweb, p. 23 ;
Picture-alliance / Bildagentur Huber, p. 25 ; Picture-alliance / maxppp, p. 29 ;
Picture-alliance / Photoshot, p. 31 ; Picture-alliance / Fotoreport, p. 38, 41 ;
Picture-alliance / akg, p. 44 ; Picture-alliance / united archives / IFTN, p. 48 ;
Picture-alliance / Maximilian Schönherr, p. 51 ; Picture-alliance / landov, p. 57b ;
Picture-alliance / epa-Bildfunk, p. 61.
© Ullstein bild – Firo, p. 34 ; Ullstein bild – united archives / KPA, p. 42.

Nous remercions tous les ayants droit pour leur aimable autorisation de reproduction.
Dans le cas où l'un d'eux n'aurait pu être joint, une provision de droits est prévue.

4e édition, 2016

Un département de
Wartberg Verlag GmbH & Co. KG.
Im Wiesental 1
34281 Gudensberg-Gleichen
Allemagne

Conception graphique : Ravenstein & partenaires, Verden.
Imprimé en Allemagne sur les presses de Thiele & Schwarz, Kassel.

ISBN : 978-3-8313-2591-7

Préface

Chers enfants de 1991,

Nous, les enfants de 1991, avons grandi à cheval sur deux siècles et deux mondes. Nés dans les dernières années du XXe siècle, nous avons vu le jour en même temps que s'effondrait le monde d'après-guerre, axé sur la confrontation entre les États-Unis et l'URSS. Collégiens au tout début du XXIe, nous avons été les premiers enfants à vivre avec le téléphone portable, Internet, Facebook et la Game Boy. Adolescents nourris d'images et d'écrans, nous avons été les spectateurs privilégiés de ce nouvel avatar télévisé qu'était alors la télé-réalité.

De ce monde en pleine mutation, que devons-nous garder en mémoire ? Les Twin Towers de New York en flammes un jour de septembre 2001 ou la joie de « Zizou » un soir de juillet 1998 ? Le visage fatigué de l'abbé Pierre ou le sourire réjoui de Nikos Aliagas ? La mondialisation ou la Star Ac' ? La guerre en Irak ou « Plus belle la vie » ?

Des événements qui ont marqué notre enfance et notre adolescence, il reste énormément d'images qui réapparaissent au fur et à mesure que l'on déroule l'écheveau des souvenirs. Elles forment, entre le futile et l'incontournable, de Ben Laden à Jenifer, d'Obama à Disneyland, un étrange puzzle éclaté et dénué de sens. Ces milliers d'éléments qui composent notre passé nous aident pourtant à nous rappeler l'essentiel : le monde plus intime et plus personnel dans lequel nous avons grandi. La cour de l'école et les couloirs du collège, le hall de l'immeuble ou le jardin de la maison familiale, le square où nous allions jouer, le visage d'un prof et le regard d'un copain, le sourire et les mots de nos parents : tout ce qui, au fond, a fait ce que nous sommes et sur quoi, entre sourire et émotion, il est désormais temps de se pencher.

Matthieu CLAYET

Matthieu Clayet

Vincent Quivy

1991-1993

Les années biberon

Deux adultes, un enfant : le début d'une histoire.

À l'origine

Au commencement était un couple : mes parents. Comme ceux de beaucoup d'entre nous, ils sont nés dans les années 1960, ont grandi dans les années 1970, se sont rencontrés dans les années 1980 et ont fondé une famille dans les années 1990. Les photos que ma mère garde précieusement dans des albums bien rangés les montrent alors jeunes, les cheveux ébouriffés et les vêtements passablement colorés. Il leur reste quelque chose de cette mode des années 1980 qui nous paraît émaner d'un hier très lointain.

Chronologie

17 janvier 1991
Début de l'opération « Tempête du désert » : l'armée américaine et ses alliés interviennent dans le golfe Persique pour obliger l'Irak à quitter le Koweït.

15 mai 1991
Édith Cresson est nommée Premier ministre : c'est la première fois qu'une femme occupe cette fonction en France.

26 juin 1991
La Yougoslavie se décompose en plusieurs pays indépendants. C'est le début d'un long conflit opposant, entre autres, Serbes et Croates.

9 décembre 1991
L'ancien opposant Lech Walesa, leader du syndicat Solidarnosc, est élu président de la Pologne.

26 décembre 1991
L'URSS (Union des républiques socialistes soviétiques) est officiellement dissoute.

7 février 1992
Les ministres de la Communauté européenne signent le traité de Maastricht sur l'union politique, économique et monétaire.

8 février 1992
Les XVIe Jeux olympiques d'hiver sont officiellement ouverts. Pour la première fois depuis 1968, ils se déroulent en France, à Albertville (Savoie).

12 avril 1992
Le parc Eurodisney, premier parc thématique du géant américain Disney en Europe, est inauguré à Marne-la-Vallée (Seine-et-Marne).

1er juillet 1992
Après quinze ans de gestation, le permis à points français entre en vigueur. Face à la grogne des chauffeurs routiers, le capital de points passe de 6 à 12 en l'espace de quelques mois.

3 novembre 1992
Le démocrate William Jefferson « Bill » Clinton est élu président des États-Unis. Il succède au républicain George Bush.

1er mai 1993
L'ancien Premier ministre de François Mitterrand, Pierre Bérégovoy, se suicide à Nevers (Nièvre).

15 octobre 1993
L'ancien opposant à l'apartheid Nelson Mandela ainsi que le Président sud-africain Frederik de Klerk obtiennent le prix Nobel de la paix.

Le bébé roi, au centre des photos et des attentions.

Au tout début des années 1990, en effet, les traces de la décennie précédente ne se sont pas totalement effacées, mais elles s'estompent. Les looks sont plus soft. Les filles ne tentent plus d'imiter la coupe frisée d'Isabelle Adjani dans *L'Été meurtrier* (1983), mais s'identifient à l'allure de la toute jeune Marie Gillain, héroïne âgée de 14 ans du film *Mon père, ce héros* (1991) avec Gérard Depardieu. Ma mère, elle, reste très Sophie Marceau, l'actrice de *La Boum*, qui a marqué son adolescence. Elle conserve avec nostalgie la cassette VHS du film.

Février 1991. Nelson Mandela (avec sa femme) : enfin libre !

De fait, c'est encore le temps de ces étranges bandes magnétiques qui prennent une place folle dans le salon et ne peuvent être visionnées que sur ces gros magnétoscopes, aujourd'hui remplacés par des lecteurs DVD ou des appareils numériques. Quant aux télés, ce sont de gros cubes aussi larges que profonds, avec des écrans pas encore plats. Les chaînes, diffusées par voie hertzienne, se comptent sur les doigts d'une main.

Serge Gainsbourg du temps de Gainsbarre.

Gainsbarre se barre

D'abord la « gueule », celle de « l'homme à la tête de chou », « cette beauté cachée des laids » qu'il cultivait ironiquement avec ses cheveux en pétard, son visage hirsute, sa mine défaite et ses fringues « un peu crades ». Cigarette au bec et whisky pas loin, « Gainsbarre », alias Serge Gainsbourg, de son vrai nom Lucien Ginsburg, aimait l'irrévérence et jouait de son cynisme pour imposer son personnage à part dans le monde de la « variétoche » – qu'en musicien virtuose et admirateur de grande littérature, il méprisait un peu. « J'ai fait deux-trois trucs pas dégueu », affirmait-il avec une modestie feinte. Au répertoire de cet auteur-compositeur-interprète, bien plus que quelques succès isolés : des années de mélodies inventives et de chansons parfois osées, servies par des interprètes féminines auxquelles le séducteur Gainsbourg aimait offrir ses joyaux. Harley Davidson *pour Brigitte Bardot,* Poupée de son *pour France Gall,* 69, année érotique *pour Jane Birkin… La liste est longue et vaut à ce Parisien pur jus une reconnaissance et un respect auxquels son penchant pour la provoc' et l'autodestruction ne parvient pas à porter atteinte. Peintre, réalisateur, acteur, dandy touche-à-tout et auteur décadent, phénomène médiatique créant son propre personnage tout en restant lucide, Serge Gainsbourg se tire sans révérence le 2 mars 1991, un mois avant son soixante-troisième anniversaire.*

Au temps des planches à voile

Si ma mère est très *La Boum*, mon père, lui, serait plutôt *Point Break, extrême limite* (1991), le film culte des surfeurs, avec Keanu Reeves : il passe sa jeunesse à glisser sur les vagues de la Méditerranée et de l'Atlantique grâce à ce qu'on appelle alors une « planche à voile », ancêtre quasiment préhistorique, lourd, long et peu maniable, de ces funboards et kitesurfs qui pullulent aujourd'hui sur nos rivages. Ma mère l'accompagne dans cette aventure, le surf devenant l'activité phare des vacances d'été pour toute une génération. Ils traversent la France d'une mer à l'autre à bord d'une (trop) vieille 104 Peugeot, qui tombe régulièrement en panne sur les routes départementales ou le long des plages de sable. Ma naissance et les responsabilités qui vont avec les poussent à se débarrasser de ce vieux tas de ferraille au profit d'autres voitures, certes d'occasion, mais moins essoufflées. Au fur et à mesure qu'ils fondent puis agrandissent leur famille, mes parents acquerront des véhicules de plus en plus grands. D'abord une Peugeot 309 un peu âgée, qui finira sa course sur un parking, dévastée par un incendie dû au circuit électrique, puis la fameuse BX Citroën, improbable paquebot roulant dont les suspensions permettaient, avant le démarrage, de rehausser la voiture comme si elle était montée sur coussins d'air.

Le grand-père, toujours moins sévère avec les petits-enfants.

Matthieu ou Mathilde plutôt que Kevin ou Marine

Mon arrivée imminente ne pousse pas seulement mes parents à investir dans l'automobile, ils prennent aussi une décision importante : ils se marient. Avoir grandi dans les années 1960 et 1970 et été élevés dans une société sexuellement libérée ne les exonère pas de la pression familiale. Et à l'aube des années 1990, il est encore de bon ton de passer devant monsieur le maire avant d'avoir des enfants, ne serait-ce que pour faire plaisir à Papa et Maman et ne pas choquer les grand-mères encore vivantes et attachées aux traditions.

Quelques petits mois après la fête, je fais donc mon apparition dans un hôpital de province. Comme Kev Adams et la Super Nintendo, nous

Nos arrière-grands-mères sont encore bien présentes.

sommes plus d'une centaine de millions à naître en 1991, dont un peu moins de 800 000 en France. Reste à me trouver un prénom. Mes parents optent pour Matthieu (avec deux « T », ils y tiennent), qui se hisse, cette année-là, seulement au dix-septième rang des prénoms les plus fréquemment attribués. En tête, et largement, les Kevin comme... Kev(in) Adams. Suivent Thomas, Alexandre, Julien et Nicolas. Si j'avais été une fille, je me serais appelé Mathilde, classée en dix-neuvième place. La mode est alors aux Marine, Élodie, Julie, Camille...

En réalité, mes parents n'ont pas hésité longtemps : contrairement aux générations qui les ont précédés, ils ont connu mon sexe bien avant ma naissance. Le temps où il fallait prévoir un prénom masculin et un prénom féminin est désormais révolu, sauf pour ceux qui préfèrent « ne pas savoir », ou même ne pas voir les évidences anatomiques aperçues lors des échographies successives.

La fin d'un monde

L'Union des républiques socialistes soviétiques (URSS) a marqué l'histoire au fer rouge. Née de la révolution bolchévique de 1917, regroupant la Russie et nombre d'États périphériques plus ou moins consentants (Ukraine, pays baltes, Arménie, Turkménistan...), elle a contribué à séparer le monde pendant trois quarts de siècle en deux entités ennemies. D'un côté, le « monde libre », mené par les États-Unis, de l'autre les pays de l'Est, sous la férule de Moscou. Entre eux, un arsenal d'armes et de fusées, de murs et de frontières étanches : le Rideau de fer.

Chantre du collectivisme et pourfendeur du capitalisme, le communisme soviétique a – au moins un temps – représenté une forme d'utopie politique. Mais les masques sont rapidement tombés, laissant apparaître une dictature sans partage menée par des tsars sans scrupule, dont Joseph Staline, « le petit père des peuples », reste la figure tutélaire.

CCCP : URSS en alphabet cyrillique.

Immense, surarmée, disposant de moyens policiers conséquents, l'URSS était un colosse qu'aucune guerre ni révolte ne semblait pouvoir faire trembler. Pourtant, sous la pression du temps, du gouffre économique et des dissidences, « l'Empire rouge » a commencé de vaciller. La chute du mur de Berlin, la révolution de velours en Tchécoslovaquie et l'arrivée à la tête du Parti communiste soviétique d'un dirigeant plus jeune et plus réformateur, Mikhaïl Gorbatchev, a entraîné l'impensable : la fin du communisme d'État et l'éclatement de l'Union soviétique. La fin d'une ère.

À peine né, déjà le temps des copains.

La fin de l'ancien monde

Aîné de la petite famille, mais aussi premier de ma génération pour mes grands-parents paternels et maternels, j'ai la chance d'être accueilli par mes arrière-grands-mères, vestiges vivants d'une époque lointaine, nées durant la première guerre mondiale. En même temps que j'apparais, disparaissent les dernières traces de la guerre froide qui a opposé pendant une grande partie du XXe siècle les démocraties occidentales aux républiques socialistes du bloc de l'Est. L'URSS, géant insubmersible et dictature impitoyable, s'effondre en 1991. C'est tout le décor politique dans lequel nos parents et grands-parents ont grandi qui s'écroule. Fini les grands débats virulents entre communistes et anti-communistes, fini les grands défilés sous les immenses drapeaux rouges frappés de la faucille et du marteau, fini les pétitions de soutien aux intellectuels internés dans les goulags de Sibérie... Nous ne connaîtrons pas les mémorables interviews de Georges Marchais, inamovible et irascible leader de ce qui fut l'un des premiers partis politiques

Trois générations à l'aube du XXIe siècle.

de l'Hexagone, le PCF (Parti communiste français). Nous ne connaîtrons pas non plus les images des traditionnels défilés militaires au son de *L'Internationale* sur la place Rouge, devant des brochettes de dirigeants soviétiques impassibles et comme confits dans leur pardessus sombre.

En revanche, mes parents se souviendront longtemps du Rideau de fer ; et ma mère me racontera plus tard son effarement de découvrir, lors d'un périple estival en Yougoslavie, la réalité de ce monde en total décalage avec le nôtre. Mon grand-père, lui, évoquera les magasins vides et la présence oppressante des policiers lors de ses séjours en URSS et dans ce qui s'appelait alors la RDA (République démocratique allemande).

De ce monde révolu, comme de mes arrière-grands-mères aujourd'hui disparues, je n'ai que des souvenirs imprécis. J'étais évidemment trop jeune pour écouter leurs récits ou leur faire raconter leur vie.

Des premiers mois et même des premières années, je ne garde que des images dont mes parents et ma famille élargie sont à l'origine : des photos où j'apparais joufflu et joyeux sur des tapis d'éveil très colorés, avec leur portique et leurs jeux pour bébé. Le monde du premier âge est rempli de distractions en plastique aux sons répétitifs mais terriblement fascinants. Mes parents finiront tout de même par écarter le camion de pompier avec sa sirène stridente et le mini-piano aux mélodies assourdissantes.

L'univers du bébé est désormais un vaste marché censé faciliter la vie des petits et des grands. Il est bien plus pratique et confortable que celui qu'ont connu mes parents et surtout mes grands-parents. Ma grand-mère répète que de son temps, il n'y avait ni couches jetables, ni biberons en plastique ; et les lave-vaisselle étaient si rares ! Ce n'était donc pas forcément mieux avant… Pour ma part, j'ai droit à mon « transat bébé confort » pourvu d'une petite farandole de jouets d'éveil, à ma poussette sur laquelle s'emboîte un couffin qu'on peut glisser dans la voiture sans me réveiller… L'avantage d'être l'aîné est que tous ces équipements sont neufs, mais l'inconvénient est que mes parents ont du mal à plier, déplier, replier ces instruments parfois pas aussi maniables que ce qu'indiquent les modes d'emploi. Je sers d'entraînement et de cobaye ; la petite sœur à venir aura affaire à des parents parfaitement affûtés et bien moins stressés !

La première voiture sans permis, rouge comme une Ferrari.

La cérémonie d'ouverture : le sport est un spectacle.

La France olympique

La France en rêvait depuis des années : accueillir enfin les Jeux olympiques. Une première depuis 1968 et les JO de Grenoble. Certes, il ne s'agit pas des Jeux d'été, plus populaires et plus importants, mais des Jeux d'hiver, consacrés aux sports de neige et de glace. L'engouement en France sera pourtant considérable. La capitale olympique ? Une petite sous-préfecture de 17 000 habitants, Albertville (Savoie), située au carrefour des principales vallées alpines françaises (Tarentaise, Beaufortin et Val d'Arly). Les 57 épreuves réunissant 1 800 athlètes se repartiront ainsi dans les célèbres stations de Méribel, Courchevel, Les Ménuires, Tignes, etc. Spectacle d'ouverture grandiose confié au chorégraphe en vogue Philippe Decouflé, dans un théâtre de 35 000 places, et déroulement sans fausse note de l'ensemble des compétitions, font de ces XVIe Olympiades hivernales un grand succès d'organisation. Sur le plan sportif, l'équipe de France est moins flamboyante. Si elle se classe à un honorable septième rang, elle ne remporte que trois médailles d'or (ski acrobatique, biathlon et combiné nordique) et laisse les premières places des disciplines reines que sont les épreuves de ski alpin lui échapper. Si Carole Merle (Super G) et Franck Piccard (descente) accrochent l'argent, aucun nouveau Jean-Claude Killy (triple médaillé d'or aux JO de Grenoble) ne vient peaufiner le succès des Olympiades made in France.

Les incontournables jeux des squares et jardins publics.

À l'école de Thierry Beccaro

Les toutes premières années, c'est aussi la découverte de la séparation et l'apprentissage de la vie en communauté. Mes parents travaillant tous les deux, je suis laissé chez une nounou, une « tata » qui veille sur moi durant la journée. Comme d'autres, elle nous emmène au parc public pour respirer, en pleine ville, l'air relativement pur d'un grand espace vert où se côtoient pièces d'eau, vieux arbres et surfaces gazonnées, et où nombre de nourrices, encombrées de poussettes chargées d'enfants emmitouflés dans des combinaisons avec capuche et moufles intégrées, passent une partie de la matinée.

À peine capable de marcher, je tente de poursuivre les pigeons, approche les quelques cygnes blancs qui traînent dans les bassins et passe beaucoup de temps immobile devant d'improbables otaries dont il ne restera bientôt que les cages vides. Comme d'autres aussi, ma tata aime regarder la télé et je découvre grâce à elle, sans pouvoir rien comprendre ni en garder le moindre souvenir, le jeu « Motus », présenté par Thierry Beccaro et diffusé sur ce qui s'appelait alors Antenne 2.

Si mes parents, membres tous les deux du corps enseignant, voient d'un bon œil cet apprentissage précoce de l'orthographe (le jeu consiste à former des mots), ils sont moins enthousiasmés par l'absorption passive mais répétée d'épisodes de « Amour, gloire et beauté », le soap américain dont ma tata est fan. Ils craignent que la série déforme mes goûts et entraîne une certaine accoutumance ! Vingt ans après, si la série est toujours diffusée, je dois avouer que je n'y suis toujours pas accro…

Je n'ai pas de souvenirs précis de mes camarades de chaise haute et de poussette dont ma nounou s'occupe en même temps que moi. J'apprends néanmoins, grâce à eux, à partager les jouets et l'attention des adultes. Un apprentissage douloureux mais nécessaire puisque je devrai aussi, avant même de fêter mes 2 ans, accepter de tout partager à la maison – l'affection de mes parents, l'intérêt de mes grands-parents ainsi qu'une partie de mes jeux. Ma petite sœur est née.

Comme de nombreuses familles, nous profitons de cette nouvelle arrivée pour fuir le centre-ville, ses rues bruyantes et ses appartements étroits, et gagner la périphérie, ses logements neufs et familiaux, plus spacieux, plus aérés, nantis de petits jardins et d'un environnement plus vert et plus ludique. C'est là que je fais mes premiers pas, aidé par un youpala, cette petite chaise à roulettes dans laquelle on peut se tenir droit et marcher tout en étant maintenu. Mes premières courses sont bien évidemment maladroites et hésitantes, en fort contraste avec celles qui, sur l'écran de la télévision, voient les meilleurs athlètes du monde s'affronter aux Jeux olympiques de Barcelone. Peu de chances que je remplace un jour Carl Lewis, l'Américain qui remporte en Espagne sa huitième médaille olympique… Mais peu importe puisque je déambulerai très vite seul, autonome, sans youpala ni main tendue, vers le monde des préaux, des cours de récré et des salles de classe : vers l'école maternelle.

Barcelone, 1992, huitième médaille olympique pour Carl Lewis.

1994-1996

Les années doudou

L'école maternelle et ses premiers « devoirs ».

Jules Ferry, Jean Jaurès et Paul Bert…

Il est toujours difficile de se souvenir précisément de son école maternelle. Moi, je me rappelle surtout son nom. En effet, comme beaucoup d'autres, elle porte le doux patronyme d'une figure de la IIIe ou IVe République, un de ces hommes politiques ou savants qui sentent le XIXe siècle et les institutions de Grand-papa, la France d'autrefois avec ses tableaux noirs et ses maîtres en blouse grise : Jules Ferry, Jean Jaurès, Victor Hugo, Louis Pasteur…

Chronologie

25 février 1994
Yann Piat, députée du Var, est assassinée à Hyères par deux tueurs à moto alors qu'elle rejoignait son domicile.

5 avril 1994
Kurt Cobain, le chanteur du groupe Nirvana, se suicide à Seattle (États-Unis) à l'âge de 27 ans.

27 avril 1994
Après avoir passé vingt-sept ans en prison, Nelson Mandela est élu président de l'Afrique du Sud à l'issue des premières élections démocratiques organisées dans le pays.

6 mai 1994
Élisabeth II et François Mitterrand inaugurent le tunnel sous la Manche, qui relie Douvres à Calais par le train.

24 décembre 1994
Quatre membres du Groupe islamique armé (GIA) s'emparent de l'Airbus A-300 d'Air France assurant la liaison Alger-Paris. Trois passagers sont exécutés. La prise d'otages se solde par la mort des quatre terroristes à Marseille, au cours d'un assaut du GIGN.

19 avril 1995
Un attentat perpétré à Oklahoma City (Oklahoma) fait 168 morts et 680 blessés. L'auteur, Timothy McVeigh, un fanatique d'extrême droite, est arrêté, condamné à mort et exécuté.

17 mai 1995
À l'issue du second tour de l'élection présidentielle, Jacques Chirac devient le 22e président de la République française.

4 novembre 1995
Le Premier ministre israélien, Yitzhak Rabin, artisan de la paix au Proche-Orient, est assassiné par un extrémiste juif à Tel-Aviv.

8 janvier 1996
François Mitterrand, président de la République de 1981 à 1995, meurt à Paris à l'âge de 79 ans.

29 juillet – 1er août 1996
Marie-José Pérec, athlète française, devient double championne olympique. Tout en conservant son titre acquis quatre ans plus tôt à Barcelone sur 400 mètres, elle remporte également le 200 mètres.

18 octobre 1996
En France, les numéros de téléphone passent de huit à dix chiffres. Il faut désormais ajouter un index pour chaque région, de 01 pour la région parisienne à 05 pour le Sud-Ouest.

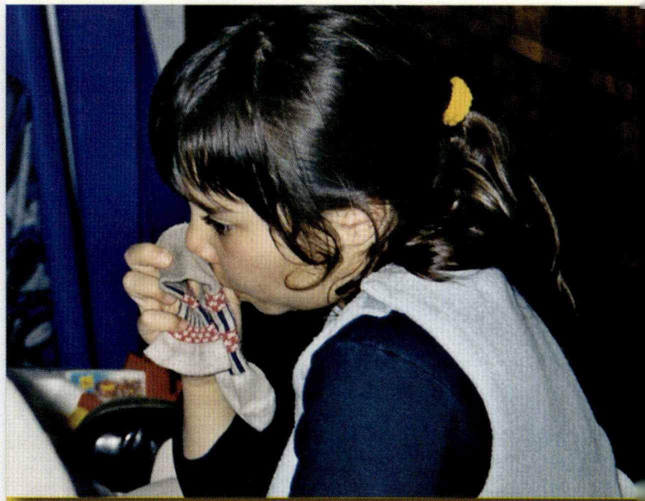

Le dur apprentissage de la vie sans doudou.

La mienne, comme beaucoup d'autres, s'appelle Paul Bert, bien que cet ancien ministre de l'Instruction publique soit quelque peu tombé dans l'oubli. Ce nom dit à lui seul que les murs à l'intérieur desquels je passe mes premières années de scolarité ne sentent pas le neuf. Des locaux un peu défraîchis avec, dans la cour de récréation, toboggans et « cages à poules » accueillant nos indémodables parties de cache-cache et de loup ; ainsi que des toilettes où nous allons par classe entière, à heure fixe, garçons et filles séparés bien entendu. De fait, l'entrée à la maternelle est synonyme de fin de couches et provoque un léger stress chez les parents : « Mon enfant sera-t-il propre à temps ? » Il s'agit déjà, en quelque sorte, d'avoir le niveau et de répondre aux impératifs scolaires...

Kurt Cobain, icône grunge.

Cobain au Nirvana

Voix à peine éraillée et profonde, ton traînant, guitare acoustique, mélodies rock incandescentes et chansons graves au goût désespéré : l'alchimie Nirvana est un mélange étrange et difficile à définir dans lequel se retrouve toute une jeunesse marquée par la crise des années 1980-1990, la « génération X ». Nirvana ? Un groupe mythique de rock alternatif version grunge *mené par son chanteur, auteur, compositeur et guitariste, Kurt Cobain. Anti-rockstar, débraillé et hirsute, secret et discret, le jeune Américain originaire du nord-ouest des États-Unis impose en peu de temps son style sensible et sa musique à fleur de peau. Après deux albums aux ventes limitées,* Nevermind *(1991) remporte un succès planétaire inattendu (plusieurs millions de copies écoulées aux États-Unis et à travers le monde) et fait de ce garçon marginal de 24 ans venu de l'*underground *et pas pressé d'en sortir, un des rois du pop-rock américain.*
S'enchaînent alors albums et tubes mais aussi, pour la star décalée, un mariage avec la rockeuse Courtney Love, un enfant et le début d'un long compagnonnage avec l'héroïne, ponctué d'overdoses et de cures. Dépressif et toxico, Kurt Cobain n'a pas à se forcer pour entrer dans la légende du rock marquée par les excès de ses enfants prodiges. Comme celle de Jimi Hendrix, Jim Morrison ou Janis Joplin, la trajectoire du chanteur de Nirvana s'arrête de façon brutale et précoce. Il se suicide à l'âge de 27 ans le 5 avril 1994. All apologies.

« Tiens, voilà quelqu'un : Petit Ours brun »

Mes parents n'ont pas ce genre d'inquiétudes : ils s'opposent à une entrée trop prématurée à l'école. Pour ma mère, c'est une véritable hérésie de me faire commencer mon apprentissage avant mes 3 ans révolus. Il y a un temps pour tout. Et même après avoir soufflé mes trois bougies, je ne vais à l'école que le matin : l'après-midi, réservé à la sieste, paraît superflu. Quitte à dormir, autant rester chez ma nourrice avec ma petite sœur et mon doudou, dans le calme et le confort.

Même si je ne suis qu'un écolier à mi-temps, j'apprends à lire à cette époque-là. Ou plus exactement, je fais semblant de savoir lire en récitant, les yeux plongés dans le livre, les histoires de Petit Ours brun que ma mère me raconte et me re-raconte, à ma demande. Ah, Petit Ours brun ! C'est mon premier livre de chevet, mon premier ouvrage culte ! Je me souviens encore de certains passages de « Petit Ours brun et les chaussures » que je « lisais » à ma sœur le soir : « Petit Ours brun sort ses chaussures du placard : il les sort toutes, toutes, toutes… »

Pourtant, je préfère très vite aux histoires pour tout-petits les dessins animés diffusés à la télé, ces sempiternels *cartoons* qui datent pourtant de quelques décennies : Tom et Jerry, Daffy Duck, Bugs Bunny, Titi et Grosminet et autres Looney Tunes, connus de nombreuses générations et qui peuplent encore aujourd'hui les programmes de jeunesse… Nous sommes des milliers à avoir en mémoire le générique de ces petits bijoux d'inventivité et la musique, facilement identifiable, qui y reste à jamais attachée. Comme beaucoup d'enfants, je suis alors un aficionado de « Ça cartoon », l'émission de Canal+ présentée par Philippe Dana et diffusée « en clair », où s'enchaînent ces indémodables « Merrie Melodies ».

À la maison comme à l'école, le devoir de partager.

L'entrée du tunnel, l'Angleterre est au bout.

Le tunnel sous la Manche

6 mai 1994 : l'Angleterre n'est plus vraiment une île. Pour la première fois, des trains traversent la Manche et relient Calais à Douvres, réalisant ainsi un vieux rêve datant du XIXe siècle. Sous Napoléon III déjà, on avait envisagé de déposer au fond du bras de mer qui sépare le royaume de sa Gracieuse Majesté du Vieux Continent, un tube dans lequel auraient circulé les voyageurs. Le projet a refait surface par intermittence au cours du XXe siècle pour, finalement, se concrétiser dans les années 1980. Les prouesses techniques et les connaissances scientifiques permettent de relever le défi que posent la longueur et surtout la profondeur du Channel. Long de 50,5 kilomètres, le tunnel n'est évidemment pas déposé dans la mer, mais creusé sous la terre – jusqu'à 100 mètres sous le niveau de la mer – soit bien en deçà des eaux franco-britanniques.

Objet de moult négociations et tractations entre les deux pays, il est finalement construit par des entreprises privées et prend la forme de trois tubes où ne circuleront que des trains (un tube pour chaque sens, plus un tube de service entre les deux). Les travaux, commencés en décembre 1987, s'achèvent seulement six ans plus tard et permettent l'ouverture officielle du trafic dès juin 1994. Quelques semaines plus tôt, la reine d'Angleterre, Élisabeth II, et le Président français François Mitterrand, à l'initiative du projet, ont inauguré la ligne en traversant côte à côte, by train, *la Manche pour la première fois.*

Les parcs d'attractions regorgent de créatures surprenantes.

Un univers marqué par les animaux préhistoriques.

Iguanodons contre Barbie

Notre monde enfantin n'est pas encore peuplé de jeux d'ordinateur, d'Internet ou de Game Boy. Ni DS, ni PSP, ni portables ou tablettes, ni lecteur DVD ou MP3. Et pourtant, aussi incroyable que cela puisse paraître, nous arrivons à ne pas nous ennuyer ! Bien évidemment, je traverse une période Playmobil puis une longue époque dinosaures, devenant imbattable sur les tyrannosaures, iguanodons et autres ptéranodons déclinés en livres, en figurines et même en parc d'attractions. Je me souviens en effet d'avoir visité, quelque part dans l'est de la France, un « parc préhistorique » où je ne me suis pas senti tout à fait rassuré face aux immenses répliques d'animaux effrayants. Un de mes oncles, sans doute influencé par le film *Jurassic Park* de Steven Spielberg, s'est amusé à me faire croire que ces charmantes créatures n'avaient pas complètement disparu et qu'un cri pouvait suffire à leur redonner vie.

Ma sœur, elle, évolue dans un univers moins anxiogène, fait de poupées et de personnages de contes de fées, dont beaucoup sont signés Disney. C'est l'époque de la sortie du *Roi Lion*, avec le méchant Scar et le gentil Simba. Mes parents nous ayant constitué une véritable collection de classiques de Walt Disney en cassettes vidéo, nous sommes imprégnés d'Aristochats et de 101 dalmatiens. Pour le reste, à défaut de jeu en réseau ou sur écran, nous jouons avec de vraies cartes et de vrais dés. Et dans la voiture, au cours de longs trajets qui nous emmènent en vacances dans différents coins de France, mes parents inventent des jeux pour nous faire passer le temps. Exemples : trouver le mot ou le personnage auquel l'un de nous pense, apercevoir les Twingo sur la route, etc.

On sait à peine marcher
qu'il faut déjà apprendre à nager.

Avec Jacques Chirac, l'armée devient uniquement professionnelle.

La quille pour tout le monde

Jusqu'à l'élection de Jacques Chirac en 1995, c'était le passage obligé de tout jeune Français à la veille de son entrée dans la vie active. Douze – puis dix – mois sous les drapeaux, uniforme et crâne rasé de rigueur, treillis et corvées, ordres aboyés, défilés au pas et casernement : le quotidien des chambrées, véritables dortoirs sans confort, n'a pas laissé que des bons souvenirs aux millions de jeunes hommes qui, génération après génération, ont goûté au service militaire obligatoire. Cependant, à l'heure des guerres technologiques où les matériels sophistiqués remplaçaient les régiments de « bidasses », cette institution semblait obsolète et anachronique. À tel point que les forces armées avaient de plus en plus de mal à occuper leurs milliers de soldats intérimaires, condamnés à l'ennui et à l'attente, arrachés de leur vie quotidienne pour plusieurs mois d'inactivité forcée avant de décrocher enfin « la quille ».
Mais les traditions ont la vie dure, et les dirigeants politiques comme militaires répugnaient à abolir une conscription censée « former les hommes », de même qu'à revenir sur leur conviction immuable de la nécessité que les citoyens s'exercent à servir leur pays. Prenant à rebours un conservatisme généralisé dans les sphères dirigeantes, le Président Jacques Chirac décida d'y mettre un terme rapide et définitif, au grand dam des militaires apeurés par la disparition de cette « main-d'œuvre » bon marché. L'armée se passe désormais des jeunes Français – et les jeunes Français se passent fort bien de l'armée.

De « Taupinette » à Space Mountain

L'autre moyen de nous occuper est la chanson. En bonne institutrice, ma mère possède un important répertoire de chants pour enfants. Nous grandissons au rythme des créations de Jacky Galou (« Taupi-Taupi-Taupinette / ma jolie petite bête / Taupi-Taupi-Taupinette / il faut garder tes lunettes »), d'Henri Dès (« C'est à l'école Tagadagada qu'on apprend les bêtises »), de Steve Waring (« Le matou revient / le jour suivant / le matou revient / il est toujours vivant ») et d'extraits d'*Émilie Jolie*, le spectacle musical composé par Philippe Chatel dont une nouvelle version sort en 1997 avec les chanteuses et chanteurs à succès du moment : Axelle Red, Maurane, Khaled, Lara Fabian, Johnny Hallyday…

Ma mère ne nous abreuve cependant pas que de musique pour enfants et nous fait partager ses engouements – de la chanson française essentiellement – et ses passions : c'est l'époque de *Samedi soir sur la terre* de Francis Cabrel et surtout de l'album *C'est déjà ça* d'Alain Souchon, où figure « Foule sentimentale », sacrée meilleure chanson aux Victoires de la musique 1994 : « Foule sentimentale / On a soif d'idéal / Attirée par les étoiles, les voiles / Que des choses pas commerciales… »

Les grands-parents tiennent une place de plus en plus importante.

Les portes du « monde magique », Disneyland Paris.

Même si nous ne passons pas encore trop de temps à l'école, les vacances sont des moments de bonheur sucré. Mes grands-parents paternels résidant dans la région parisienne, je découvre, les yeux écarquillés, la capitale. Le métro absent de mon univers provincial, les bateaux-mouches, le zoo du jardin des Plantes avec ses serpents un peu flippants, le jardin du Luxembourg dans les bassins duquel des enfants font naviguer des voiliers miniatures... Je monte aussi, bien évidemment, pour la première fois sur la tour Eiffel... mais jusqu'au premier étage seulement. L'oncle qui m'y emmène, sujet au vertige, refuse d'aller plus haut et me fait croire à une improbable histoire de grève qui empêcherait d'accéder aux étages supérieurs – tandis que je constate que la foule s'y bouscule ! J'ai beau n'avoir que 5 ans, je ne suis pas près d'avaler n'importe quelle histoire. N'empêche, il me faudra attendre une autre escapade parisienne pour grimper tout en haut.

De même, je suis encore considéré comme trop petit pour aller découvrir le tout nouveau parc d'attractions inauguré en 1992 à Marne-la-Vallée (Seine-et-Marne), qui attire des enfants des quatre coins d'Europe : Disneyland Paris, qu'on appelle encore Eurodisney et qui en est à essuyer les plâtres. Plus tard, comme beaucoup, nous ferons bien sûr le voyage, et plutôt

deux fois qu'une. Ceux de notre génération ont forcément le cœur qui vibre rien qu'à l'évocation de ces noms magiques – Space Mountain, Indiana Jones, Le Train de la mine – synonymes d'émotions fortes et de moments mémorables. J'irai en famille, en sortie de classe puis avec des copains, et toujours avec le même enthousiasme, refaire les parcours ou tester les nouveautés…

La petite souris est passée

Mais les vacances ne se résument évidemment pas à la région parisienne. Mes grands-parents résidant en banlieue profitent de l'été pour fuir la foule et la ville, et retrouver calme et nature dans de vertes campagnes. Les petits citadins que nous sommes découvrent avec bonheur les joies des courses dans les prés, des baignades en rivière ou en étang, du vélo sur des routes sans voitures… À 4 ans passés, j'ai déjà abandonné mon tricycle pour un vrai vélo sans petites roues et je laisse ma place à l'arrière du VTT de mon père à ma sœur. Je me souviens de vacances dans les Cévennes où je découvre ce qu'est une ferme et les animaux qui y vivent, mais aussi des meules de foin qu'on s'amuse alors à escalader.

Les joies de l'été, le bonheur de l'eau.

Les derniers gestes de la petite enfance.

Si les cochons et les vaches me surprennent, l'animal qui demeure à l'époque le plus mystérieux à mes yeux est la petite souris qui, quand je perds une dent, vient la chercher sous mon oreiller pour la remplacer par une grosse pièce de cinq francs. Comme d'autres, je sens qu'il y a anguille sous roche, mais je préfère ne pas poser la question de peur de perdre ces précieux francs…

Après les vacances à la campagne, il y a celles, plus classiques, au bord de la mer, où mes autres grands-parents résident toute l'année. Comme des milliers de Français, nous nous retrouvons en août sur les rives bondées de la Méditerranée. Nous passons des matinées ensoleillées dans des criques moins fréquentées où, avec une pelle et un seau en plastique, je construis d'inévitables châteaux de sable, des piscines et des ports, et effectue mes premières brasses maladroites à cause de mes gros brassards, peu pratiques, ou des promenades sur l'eau à bord d'un modeste bateau gonflable. Puis, août s'achève et l'automne arrive. Nous rentrons chez nous à la fois heureux et nostalgiques des vacances terminées, impatients et inquiets de la rentrée qui approche. On me fait en effet comprendre que les choses sérieuses vont commencer : je vais rentrer à la « grande école ».

L'inévitable carte pour la fête des mères.

1997-2001

Les années récré

L'impression d'appartenir au monde des grands.

Pogs contre Pokémon

Dans la cour, plantée de nombreux arbres, nous faisons chaque jour des parties mémorables de loup, de loup glacé et d'épervier. Pourtant, c'est à cette époque que commencent à arriver des jeux à effet de mode qui se répandent à la vitesse grand V et remisent au fond des préaux les activités traditionnelles partagées par beaucoup de générations, telles que les billes ou la corde à sauter.

Chronologie

23 février 1997
Deux scientifiques écossais annoncent la naissance du premier mammifère cloné à partir d'un animal adulte. Il s'agit d'une brebis prénommée « Dolly » en hommage à la chanteuse Dolly Parton.

31 août 1997
Lady Diana Spencer, ex-épouse du prince Charles d'Angleterre, meurt dans un accident de voiture dans le tunnel de l'Alma, à Paris. Elle avait 36 ans.

22 septembre 1997
Le projet de loi sur la suppression du service militaire est adopté à l'Assemblée nationale.

24 novembre 1997
La chanteuse Barbara, auteure-compositrice-interprète de nombreux succès tel que *L'Aigle noir*, s'éteint à l'Hôpital américain de Neuilly à l'âge de 67 ans.

6 février 1998
À Ajaccio, Claude Érignac, le préfet de Corse, est assassiné en pleine rue par des indépendantistes.

12-13 juin 1998
Le célèbre navigateur français Éric Tabarly tombe de son *Pen Duick* et disparaît en mer à l'âge de 66 ans.

13 juin 1998
La loi Aubry, mesure phare du gouvernement Jospin, fixe la durée légale hebdomadaire de travail à 35 heures.

12 juillet 1998
L'équipe de France remporte la Coupe du monde de football, organisée en France.

20 avril 1999
Deux étudiants s'introduisent dans le collège de Columbine (États-Unis) et ouvrent le feu sur les élèves, faisant 13 victimes et 24 blessés.

25 juillet 2000
Le *Concorde* en partance de Paris et à destination de New York s'écrase à Gonesse (Val-d'Oise) en faisant 113 victimes. Il précipite la fin de l'avion supersonique français, mis en service en 1976.

11 septembre 2001
Deux avions de ligne détournés par des terroristes islamistes percutent les tours jumelles du Word Trade Center de New York, qui s'effondrent en faisant près de 3 000 victimes.

21 septembre 2001
Une explosion accidentelle détruit l'usine AZF (groupe Total) de Toulouse, provoquant la mort de 31 personnes.

2000, la fin du *Concorde*.

Le jeu qui a peut-être eu le plus de succès est les Pogs. Il s'agit de simples rondelles de carton, à peine plus grandes que des pièces de monnaie, qu'il s'agit d'empiler puis d'éparpiller à l'aide de rondelles de plastique plus épaisses, les « dégommeurs ». Celui ou celle qui arrive à faire tomber des Pogs

1999, l'année du massacre
de Columbine (USA).

de la pile de l'adversaire les récupère et agrandit d'autant sa collection, ou les remet en jeu. Les Pogs sont en effet tous différents, décorés d'images ou de photos, à l'effigie de marques ou de personnages de dessin animé.

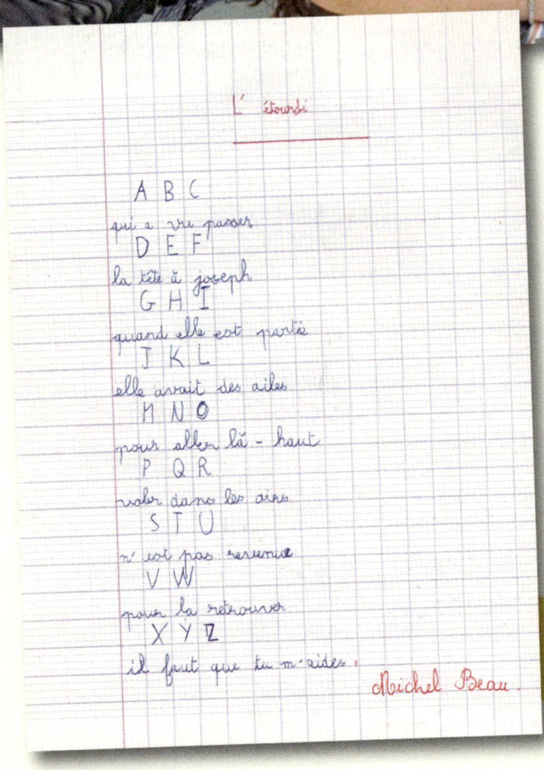

L' étourdi

A B C
qui a vu passer
D E F
la tête à joseph
G H I
quand elle est partie
J K L
elle avait des ailes
M N O
pour aller là - haut
P Q R
voler dans les airs
S T U
n' est pas revenue
V W
pour la retrouver
X Y Z
il faut que tu m'aides.

Michel Beau.

La poésie, élément indémodable
du primaire.

Lady Di, une princesse so british.

Lady Di for ever

Les histoires de princesse ne finissent pas toujours bien. Celle de Diana Spencer, princesse de Galles, ex-épouse de l'héritier de la couronne britannique, fut sans doute l'une des plus tragiques. Sa mort accidentelle au cours d'une nuit d'août à Paris, à l'âge de 36 ans, a bouleversé tous ceux qui s'étaient attachés à cette figure fragile au destin brouillé.

Héroïne idéale d'un conte de fées qui ne dura pas, elle fut d'abord cette jeune femme de 20 ans qui épousa le prince Charles en 1981 devant 750 millions de téléspectateurs, 2 millions de spectateurs et 3 500 invités. Épouse so charming *d'un héritier qui peinait à séduire, elle est devenue l'icône d'une monarchie vieillissante et empesée. Jeune, belle, nature, elle secouait les cadres et les traditions, propulsant la famille royale dans le monde léger des* people *et du glamour. Le conte se poursuivit avec la naissance de deux garçons, puis se ternit assez vite avec des accusations d'adultère et beaucoup de mesquinerie. La vie rêvée de Lady Di dans les palais des Windsor ressemblait en réalité à une existence bien ordinaire, entre un époux distant et une belle-mère hostile. Figure de la victime raisonnable, Diana ne fut jamais aussi populaire qu'en jeune divorcée blessée consacrant son énergie à de nobles causes, en icône toujours impeccable des soirées de la jet set et en mère courage parcourant le monde au secours des enfants malades. C'est cette icône qui, harcelée par les paparazzi, finit brisée, l'été 1997, sous le tunnel de l'Alma.*

Au temps du primaire et des Playmobil.

L'ère des Game Boy

L'autre phénomène qui va bientôt inonder les cours de récré et nos vies vient du Japon. Il s'appelle Pokémon, et il est partout. Nous regardons les dessins animés Pokémon, portons des sacs Pokémon, jouons avec des cartes Pokémon à l'école et avec des jeux Pokémon sur console portable à la maison... Car là aussi, une révolution est en cours : nous accédons enfin à ces petites merveilles d'électronique nommées « Game Boy », dont aucun enfant ne pourra bientôt plus se passer. Pour ma part, je reçois une Game Boy Color jaune à Noël et deviens rapidement accro à ce jeu dont le but est d'entraîner et de capturer des Pokémon. Le jeu autant que la console remportent un succès considérable : le premier s'écoule à 31 millions d'exemplaires, la seconde à 118 millions. Tout le monde ou presque, filles comme garçons, possède alors une Nintendo Game Boy ou / puis une Game Boy Color, dans laquelle on insère des cartouches de jeux aujourd'hui devenus cultes, comme Super Mario. Ma Game Boy est à partager avec ma sœur et mon petit frère : un temps de jeu précis est imparti à chacun et nous restons sous la surveillance rigoureuse des parents, afin d'éviter les disputes générées par cette petite boîte magique qu'aucun de nous ne lâche avec plaisir...

Les jeux vidéo ont représenté une partie importante de notre jeunesse. Privés par notre mère de console de salon, nous goûtons à un sentiment de liberté inédit en jouant avec nos cousins, lors des Noël en famille, à la Playstation One sur leur télévision ! Et quel bonheur d'aller chez des copains faire des parties d'Age Of Empire sur ordinateur, un jeu « solo » auquel on joue l'un après l'autre. Très vite ouvrent des magasins spécialisés en jeux vidéo avec un choix quasiment illimité ; puis, le premier PC fait son entrée à la maison.

Cependant, nous ne sommes pas de vrais *geeks* et comme la plupart des enfants, nous pratiquons des activités sportives en dehors de l'école. Les filles, comme ma sœur, font de la danse ; les garçons, du foot. Personnellement, on m'oriente vers le judo, un sport martial assez en vogue à l'époque. Mes parents me jugent en effet trop passif et craignent que je ne sois pas capable de me défendre. Ne leur déplaise, cinq ans de pratique du judo ne m'ont pas rendu plus agressif ! Je ne suis pas non plus devenu un champion, ni un adepte des compétitions qui s'étirent le week-end et gâchent des après-midi entiers. Ma sœur, elle, participe aux galas de danse auxquels toute la famille assiste religieusement, mais qui n'ont lieu qu'une fois par an.

Le bonheur de posséder enfin sa première Game Boy.

L'instant de la victoire.

Et un, et deux, et trois-zéro

Saint-Denis, Stade de France, 12 juillet 1998, vers 23 heures : Zinédine Zidane brandit la Coupe du monde de football sous la clameur de 80 000 spectateurs ivres de joie. C'est la première fois que l'équipe de France remporte cette compétition, alors vieille de 70 ans. Une victoire portée par tout un pays mobilisé autour de cette Coupe qui, cinquante ans après celle de 1938, se déroule à nouveau dans l'Hexagone.
Le succès tricolore doit beaucoup au talent du meneur de jeu Zinedine Zidane, figure emblématique, « numéro 10 » mythique, double buteur de la finale et meilleur joueur du moment. Pour l'entraîneur Aimé Jacquet, violemment remis en cause avant et pendant la compétition par une presse sportive impatiente et impérieuse, c'est l'heure d'une revanche qu'il savoure modestement.
Pour beaucoup, la victoire représente aussi un symbole plus profond, celle d'une France métissée – « black, blanc, beur » – capable de s'unir pour gagner, loin des clichés sur les enfants de banlieue et des délinquants des « quartiers ». Dans l'euphorie qui suit la finale remportée trois buts à zéro, on oublie très vite les dissensions et les a priori, *mais aussi le Brésil, finaliste malheureux emmené par un autre joueur mythique, Ronaldo.*

Le ski en février

Mes parents aiment aussi nous faire prendre l'air loin des écrans en nous emmenant jouer dans des parcs. L'un d'eux accueille des jeux qui disparaîtront par la suite, car jugés trop dangereux par les pouvoirs publics. Ont ainsi fait les frais du principe de précaution, qui s'est largement diffusé depuis, des « ponts de singes » et une série de toboggans bien plus grands que ceux d'aujourd'hui. J'aime surtout la toile d'araignée géante, depuis le sommet de laquelle je crois voir une importante partie du monde !

Cette sensation, je la retrouve quand nous partons à la montagne pour un séjour au ski. À en croire les sempiternels bouchons que nous rencontrons pour monter aux stations le traditionnel samedi des départs – journée classée rouge puis noire par Bison futé –, nous sommes beaucoup à connaître ce rendez-vous que j'attends chaque hiver avec impatience. Nous retrouvons là-haut une flopée de cousins avec lesquels nous skions, pique-niquons et jouons. Après un goûter bien copieux, nous repartons profiter de la neige : nous faisons des batailles de boules de neige, construisons d'étranges choses informes ressemblant plus ou moins, mais plutôt moins que plus, à des bonhommes de neige... Et non contents d'avoir passé la journée à glisser sur des skis, nous dévalons des pentes sur une « pomme », une sorte

Le plaisir de la neige et de la glisse.

de luge plate et minimale ressemblant à une pelle, sur laquelle on ne peut poser que ses fesses. Comme pour beaucoup, les séjours au ski sont synonymes de flocon, puis de première, deuxième et troisième étoile, ces récompenses qui viennent couronner une semaine de cours collectifs dispensés par des moniteurs en tenue rouge frappée des trois lettres blanches « ESF » (École de ski français) et que nous arborons fièrement à l'école. Autre grand classique des séjours à la neige, l'appartement forcément étroit avec lits « cabines » superposés, dans lequel flotte une odeur caractéristique, mélange de tenues humides séchant un peu partout et de relents de fondue savoyarde et de crêpes sucrées, sans quoi un séjour au ski ne serait pas vraiment un séjour au ski.

Pause lecture entre deux parties de Game Boy.

Les Noël en famille

Si, traditionnellement, les vacances de février sont réservées au ski, celles de Noël sont consacrées à la famille. Elles sont équitablement réparties entre grands-parents paternels et maternels et riment avec repas et cadeaux. Chaque année, nous observons le même rituel et mangeons exactement la même chose : foie gras, dinde aux marrons et bûche, elle aussi aux marrons. Et si nous n'aimons pas les marrons, cela ne nous empêche pas d'aimer Noël, son ambiance si particulière, et surtout les montagnes de cadeaux qui nous attendent au pied du sapin couvert de boules de couleur et de guirlandes électriques.

Chez mes grands-parents maternels en revanche, la tradition se niche dans les treize desserts auxquels ma Provençale de grand-mère tient absolument, presque autant qu'au débat rouvert chaque année sur les éléments exacts composant la liste et l'origine de ce rituel répandu dans tout le sud-est de la France. L'autre tradition à laquelle elle n'aurait renoncé pour rien au monde est l'élaboration de la crèche « provençale », un immense décor installé sur deux tables, avec des collines formées de livres dissimulés, de rivières en papier alu, de petites maisons de pierres et de santons innombrables et « authentiques » puisque fabriqués à Aubagne (près de Marseille). Nous allons parfois chercher nous-mêmes dans les bois alentour la mousse fraîche, souvent trempée, et les branchages. Nous sommes ensuite gentiment invités à nous extasier devant cette crèche à laquelle mon grand-père, à l'insu de sa femme, s'amuse à ajouter des Playmobil et autres figurines totalement iconoclastes.

Cadeau traditionnel du Père Noël : le déguisement.

Les Twin Towers en flammes :
des images difficilement oubliables.

11/09/2001

L'image restera. Et la plupart des habitants de cette planète se rappelleront toujours ce qu'ils faisaient ce jour-là quand, sur les écrans de télévision, apparut le ciel bleu de New York traversé par ses deux tours jumelles, les Twin Towers, dont l'une était en flammes et l'autre serait bientôt heurtée par un avion de ligne. De la vision effroyable de ces deux géants de verre s'effondrant comme des châteaux de cartes au milieu d'une ville recouverte de cendres et de poussière, demeure le souvenir d'un choc comme l'histoire en a rarement produit. Le symbole du lieu, l'ampleur des dégâts, le nombre des victimes (près de 3 000 morts), le mode opératoire, ont profondément bouleversé l'Amérique et le reste du monde.
À l'origine de la catastrophe, le détournement de plusieurs avions de ligne avec des passagers à leur bord, venant percuter les buildings du World Trade Center de New York, par des terroristes islamistes liés à Al-Qaïda, le réseau activiste du Saoudien Oussama Ben Laden.
Un troisième Boeing s'écrase ensuite sur le Pentagone, le siège du département de la Défense à Washington, et un quatrième s'abîme en Pennsylvanie, les passagers ayant réussi à le détourner du Capitole, le Parlement américain, destination initiale des terroristes.

Les cloches de Pâques

L'autre grande fête que nous attendons avec impatience est le lundi de Pâques au cours duquel, munis de seaux et de paniers, nous partons à la chasse aux œufs, lapins, poules et autres cloches en chocolat que les adultes ont cachés pour nous dans le jardin. Bien que gourmands et avides d'avaler les chocolats, nous sommes surtout heureux de jouer à cette chasse au trésor, au point qu'il nous arrive parfois de demander à nos parents de cacher les œufs une seconde fois. Ce qui ne nous empêche pas, chaque année, de passer à côté d'un certain nombre d'entre eux qui restent abandonnés avant que nous les retrouvions, l'été, fondus et méconnaissables, désespérément immangeables.

Ce monde enfantin, protégé et bien délimité, avec ses bonheurs simples et ses petits chagrins, s'estompe en même temps que nous quittons l'école primaire qui nous paraît si familière, pour le monde inconnu, infini et angoissant du collège.

Billet du premier concert : 246 francs TTC.

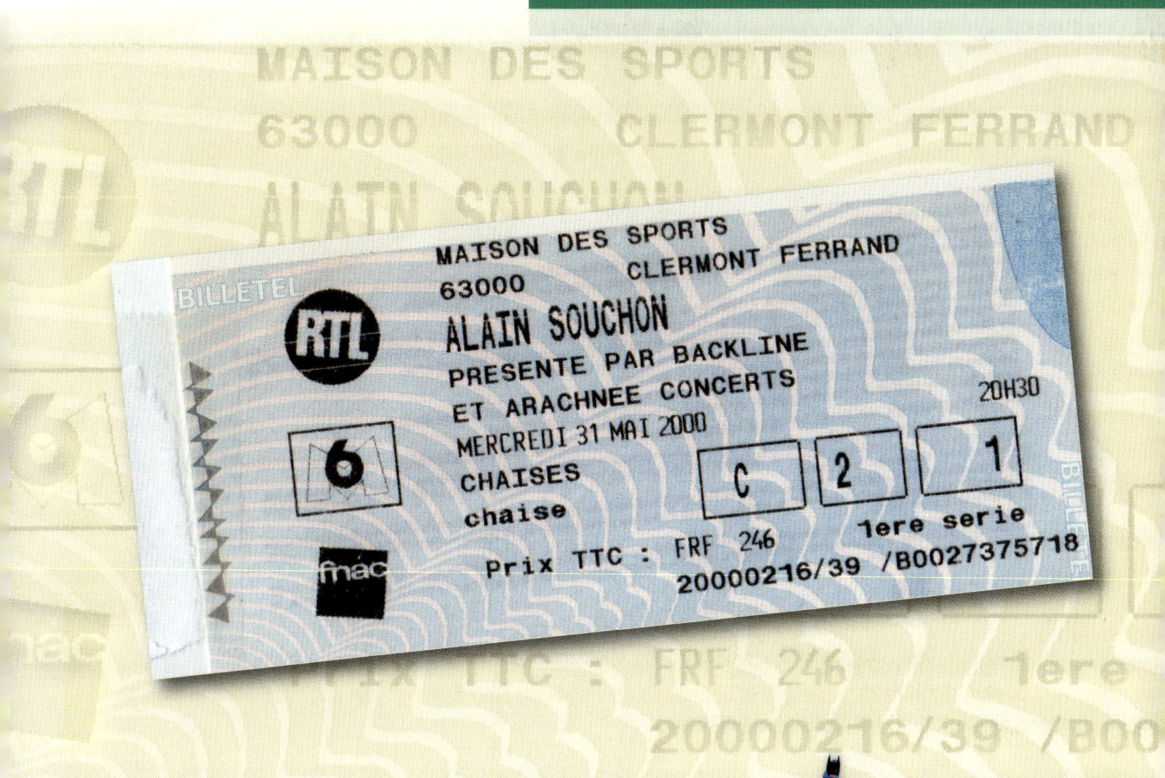

2002-2005

Les années collège

Les années collège, le souffle d'un petit vent de liberté.

L'entrée dans le XXIe siècle

Nous entrons au collège au tout début du XXIe siècle, laissant nos années de primaire loin derrière nous, dans un siècle où l'on utilise des francs et où les Twin Towers du World Trade Center dominent encore le ciel de New York. À notre arrivée en sixième, en plus de nos cartables bourrés

Chronologie

1er janvier 2002
L'euro devient la monnaie unique de douze pays de l'Union européenne.

21 avril 2002
Jean-Marie Le Pen (extrême droite) arrive en deuxième position à l'élection présidentielle française et s'apprête à affronter Jacques Chirac au second tour.

14 juillet 2002
Un fanatique extrémiste, Maxime Brunerie, tente vainement de tirer sur le président de la République lors du traditionnel défilé des Champs-Élysées.

1er février 2003
Quelques mois après le meurtre de la jeune Sohane Benziane, brûlée vive pour s'être affichée avec son petit ami, la Marche des femmes contre les ghettos et pour l'égalité s'élance de Vitry-sur-Seine, en banlieue parisienne. Le mouvement Ni putes ni soumises est né.

9 avril 2003
Les forces armées américaines prennent Bagdad et provoquent la chute du leader irakien Saddam Hussein.

Août 2003
En France, une forte canicule provoque une importante surmortalité estimée à plusieurs milliers de décès, touchant essentiellement les personnes âgées.

1er août 2003
L'actrice française Marie Trintignant meurt à Neuilly-sur-Seine (Hauts-de-Seine) des suites des coups que lui a portés son compagnon, Bertrand Cantat, le chanteur de Noir Désir, à Vilnius (Lituanie).

11 novembre 2004
Le leader Yasser Arafat, premier président de l'Autorité palestinienne, meurt à Clamart (Hauts-de-Seine) où il s'était fait hospitaliser.

24 décembre 2004
Dans l'océan Indien, un séisme provoque un gigantesque tsunami qui ravage plusieurs pays d'Asie du Sud et fait plus de 200 000 victimes.

2 avril 2005
Karol Wojtyla, pape de l'Église catholique depuis 1978 sous le nom de Jean Paul II, meurt au Vatican à l'âge de 84 ans.

29 mai 2005
Appelés à se prononcer par voie de référendum, les Français rejettent majoritairement le nouveau projet de Constitution européenne.

Marie Trintignant, tuée à l'été 2003.

de fournitures neuves, nous avons en tête deux nouveaux mots qui nous suivront tout au long de ces années : « Ben Laden » et « euro ». Le premier, suspecté d'être l'organisateur du sanglant 11 Septembre, fait planer sur nos existences des menaces diffuses et répétées, nous apprenant à craindre les « attaques terroristes » et à intégrer dans notre vocabulaire courant des termes comme « djihad » et « islamistes ».

Le second, qui désigne notre nouvelle monnaie en remplacement du franc, pèse moins lourd sur notre vie quotidienne mais nous oblige tout de même à de vrais efforts de calcul mental dans la négociation de notre argent de poche, pour ne pas perdre de pouvoir d'achat !

2005, la mythique saga *Star Wars* de George Lucas frappe à nouveau.

Victimes de la mode

Les années collège, ce sont en effet aussi les années « marques et mode » où l'on commence à s'intéresser aux fringues et aux accessoires et où l'on prend conscience du prix d'un blouson Quiksilver ou d'une paire de Nike. Certes, le poids de la pub et du marketing s'est fait sentir dès le primaire, mais de façon moins pesante. Je me souviens d'avoir porté un cartable Chipie, choisi par ma mère, en ignorant qu'il s'agissait d'une « marque de filles », ce qui m'a valu de nombreuses moqueries. Je me rappelle aussi avoir rêvé d'une paire de baskets très « tendance », non pas pour être à la mode mais parce que dans la cour de récré, ces chaussures avaient la réputation d'être plus rapides et de nous permettre d'être plus performants au loup et à l'épervier.

Pendant que les filles prennent l'air...

Le collège ne permet plus ce genre d'enfantillages. Il s'agit désormais de faire comme les autres, de se fondre dans le groupe en adoptant ses codes vestimentaires. La mode est à la culture rap ou rock. On met des baskets (Nike Air Max, Adidas Good Year), des Van's ou des Buffalo. Nos jeans portent le sigle des marques de surfeurs ou de skateurs : Volcom, Oak, Quiksilver ou Roxy. Pas question, cette fois, de faute de goût sur la marque du cartable : j'opte, comme quasiment tous les garçons, pour l'incontournable Eastpak, « garanti trente ans ». Les rappeurs, qu'on surnomme entre nous les « racailles », portent quant à eux des gros « survets », des sweats à capuche, des casquettes et des bananes Lacoste en bandoulière. D'autres succombent aux pantalons « baggy », larges comme des sacs, dont Franck Dubosc se moque férocement dans un sketch bien inspiré sur ces années collège faites de modes « un peu cons », de rites et de langages légèrement ridicules ainsi que de soucis très concrets : « L'adolescent n'a pas vraiment de boutons sur le visage, disons plutôt qu'il a un visage derrière les boutons. »

... les garçons geekent.

Francs ou euros, l'argent n'a pas d'odeur.

Pour 10 francs, t'as plus rien

Le 1er janvier 2002 marque une véritable révolution pour des millions d'Européens. Désormais, les habitants de douze pays de l'Union européenne vont utiliser une seule et même monnaie : l'euro. Fini le franc français et la lire italienne, le franc belge ou le mark allemand, place à des pièces et à des billets communs de Lisbonne à Helsinki, de Dublin à Athènes. Tous les États membres de l'Union ne rejoignent pas pour autant la zone à monnaie unique : le Royaume-Uni conserve sa précieuse livre, la Suède, sa couronne. Le passage à l'euro a été mis en place en 1992 par le traité de Maastricht. Il se fait par étapes et en douceur. Le 1er janvier 1999, la nouvelle monnaie est introduite de façon « immatérielle » dans une partie des échanges financiers. Quand, trois ans plus tard, l'euro se matérialise, les habitants des pays concernés ont été largement informés et prévenus de la disparition progressive de leur monnaie traditionnelle. Pour ceux qui parlent encore en anciens francs, pourtant disparus depuis 1960, la conversion s'avère difficile. Pour d'autres, le remplacement d'une monnaie en cours depuis le Moyen Âge par une monnaie transnationale est vécue comme un abandon de souveraineté. On regrette déjà ces « Molière » ou ces « Pascal », billets de 500 francs désignés non par leur montant mais par leur effigie, tout en savourant la possibilité d'aller rendre visite à nos voisins sans avoir à changer notre argent.

« Nu mă nu mă iei ! »

Les fringues ne sont évidemment pas les seules références ni les seuls sujets des conversations qui, dans la cour, ont quasiment remplacé tous les jeux. Plus que tout, pour moi, il y a la musique. Comme beaucoup d'enfants, j'ai suivi depuis tout petit les cours du conservatoire et ai appris à jouer de la guitare. Comme peu d'entre nous, en revanche, je ne me suis pas laissé décourager par les ennuyeux et obligatoires cours de solfège qui accompagnent ce long apprentissage. Ni par les examens de fin d'année, aussi sérieux que des concours administratifs. Mes années collège sont donc imprégnées par le souvenir de ces heures passées sur ma guitare mais aussi par l'intérêt que, du coup, je voue alors à la musique.

Comme pas mal de potes, je suis par exemple à l'époque un fan du groupe français Tryo, qui remporte un succès phénoménal dans les collèges et les lycées. Nous écoutons aussi les Canadiens de Simple Plan, les chansons punk-rock de Green Day, de Sum 41 ou de Blink-182... Marilyn Manson ne fait pas l'unanimité mais a ses fidèles, des « gothiques » (post-punks) pour la plupart. Nirvana, le groupe punk ou plutôt pop-rock de Kurt Cobain, continue de fasciner pas mal d'entre nous, longtemps après le suicide de son leader et la dislocation de sa bande. Les rappeurs, eux, ne se contentent pas d'écouter NTM, ils taguent leur nom partout. Les succès du moment, appréciés par ceux qui ne pigent rien à la musique, n'ont pas forcément marqué l'histoire et ont été vite oubliés : Tragedy, boys bands en général ou encore O-Zone, un groupe de Roumains qui dansent debout sur les avions : « Nu mă nu mă iei, nu mă nu mă nu mă iei » !

Le premier vrai concert auquel j'assiste n'a pourtant rien à voir avec toute cette musique-là : pour mes 9 ans, ma mère m'emmène voir son idole, Alain Souchon... Le temps du collège n'est pas encore celui où l'on court avec les copains découvrir des groupes de rap ou de rock dans les salles de la ville. Mes parents m'accordent une liberté étroitement surveillée. Ils seront plus cool avec ma sœur cadette : il ne fait pas toujours bon être l'aîné !

Nos années Star Ac'

L'autre sujet qui prend beaucoup de place dans les conversations au collège, ce sont les innombrables émissions de télé-réalité que quasiment tout le monde regarde. Personne ne manque, par exemple, les castings de la « Nouvelle

La préadolescence ou l'art d'un certain équilibre.

Star » où le jury, composé à l'époque de Dove Attia, André Manoukian, Marianne James et Manu Katché, dézingue les apprentis chanteurs qui se produisent devant eux. Dès le lendemain, on se répète les meilleures vannes et s'amuse des auditions les plus catastrophiques... D'autres, comme ma sœur, préfèrent « Koh-Lanta » et ses improbables épreuves qu'affrontent des candidats lâchés sur une île du bout du monde. À dire vrai, filles et garçons n'ont alors pas du tout les mêmes centres d'intérêt et chacun vit dans son monde. Si de nombreuses filles ne jurent que par la « Star Ac' » (« Star Academy », le programme phare de TF1 diffusé le samedi puis le vendredi soir), ou ne ratent aucun épisode de « Un, Dos, Tres », la série espagnole toute pourrie sur des jeunes étudiants dans une école d'« art de la scène », les garçons, eux, zappent souvent la télé pour des jeux vidéo.

Nous assistons ainsi, fascinés, à l'arrivée de consoles de nouvelle génération – PS2, XBOX, GameCube – avec des jeux tels que Mario Smash Bros ou Mario Kart. Si nous n'avons toujours pas une console à la maison, nous avons généralement accès à l'ordinateur, dont mes parents limitent l'utilisation à une heure par jour, et uniquement le week-end et le mercredi. Mon père, lui, ne se plie pas à ce genre de restrictions, si bien que je le regarde souvent jouer, notamment au fameux Morrowind.

La grande mode chez les collégiennes : le poney.

En attendant le vrai permis,
le droit de conduire des karts.

Bien évidemment, à partir de la quatrième, la puberté aidant, il arrive de plus en plus souvent que les garçons, un duvet au-dessus des lèvres et la voix un peu rauque, abandonnent leurs manettes pour rejoindre des filles, maquillage tout frais et poitrine nouvellement apparue, qui acceptent pour leur part de délaisser le petit écran. Désormais, on se dit bonjour en se faisant la bise. C'est le temps des premiers rendez-vous, des premières fêtes, des premiers couples et des premières histoires : « Qui sort avec qui ? » Ma sœur est plus jeune mais plus précoce que moi – comme souvent les filles – et ramène à la maison un copain qui passe, aux dires de mes parents, beaucoup trop de temps chez nous. Ils ont beau observer notre plongeon dans l'adolescence sans stress excessif, ils apprécient tout de même modérément de découvrir chaque soir ce collégien traîner dans notre salon. « Il est gentil, hein, mais bon, il a pas autre chose à faire ? Il a pas des devoirs ? »

Elijah Wood, héros du Seigneur.

Le Seigneur des anneaux

Plus qu'une série à succès, les films composant Le Seigneur des anneaux *sont cultes. De ce genre de fictions qui regroupent des communautés d'adeptes et d'initiés et sont vues, revues, décortiquées, analysées, répétées, imitées, et jamais égalées. Il s'agit au départ d'un roman fantasy publié après-guerre par le Britannique John Tolkien, auteur du* Hobbit *et inventeur d'un monde où se mêlent mythologie et religion, histoire et philologie. Déclinée en trois livres foisonnants et complexes, l'œuvre à succès est longtemps restée aux portes des studios qui mesuraient la difficulté de traduire sur grand écran l'univers incroyablement épique de J. R. R. Tolkien.*
C'est un réalisateur néo-zélandais, Peter Jackson, qui entreprit dès 1995 de se lancer dans cet ambitieux projet. Il lui fallut plus de six ans et un budget – colossal – de 281 millions de dollars pour parvenir à ses fins. Le tournage, en Nouvelle-Zélande, a nécessité des moyens énormes. On construisit d'impressionnants décors, utilisa plus de 48 000 pièces d'armure et près de 20 000 costumes.
Le premier opus – La Communauté des anneaux *– sort fin 2001. Il rapporte plus de 800 millions de dollars à travers le monde et est vu en France par plus de 6 millions de spectateurs. Les deux épisodes suivants –* Les Deux Tours *(2002) et* Le Retour du roi *(2003) – connaissent le même succès et suscitent un engouement croissant. Pour l'ensemble de ces trois films, Peter Jackson a reçu 17 Oscars, dont ceux du meilleur film et du meilleur réalisateur.*

L'ordinateur fait désormais partie de la famille.

Une liberté très surveillée

Le collège, c'est un peu ça : cette période où l'on devient autonome, préado puis presque ado, mais où l'on est encore fiché par ses parents. Les occasions de mettre un peu de distance sont cependant plus nombreuses.
En haut de la liste, le traditionnel voyage de classe linguistique à l'étranger. Pour nous, c'est l'Allemagne. Nous y sommes logés chez des familles. J'atterris avec trois copains dans une grande ferme, chez un hôte dont aucun de nous ne comprend un traître mot de ce qu'il raconte, puisqu'il parle vite et avec un fort accent bavarois ! Pour tous, garçons et filles, le meilleur souvenir reste les moments où nous nous retrouvons en ville, à Munich, et nous laisse « quartier libre », sans prof ni adulte pour nous surveiller, avec comme but essentiel de dépenser l'argent confié par nos parents avant notre départ. Les filles se précipitent pour acheter des fringues, les mecs font des provisions de Red Bull, alors interdite en France. Les souvenirs typiques, traditionnellement rapportés aux familles, n'ont aucun succès.

Ce début de liberté, nous le retrouvons l'été, au camping, où nous passons des journées et des soirées à jouer et à traîner avec les autres ados.
Le camping, mes parents en sont des adeptes depuis longtemps. Mais si tente et caravane font partie intégrante de nos vacances estivales, nous ne sommes pas, contrairement aux « héros » du film de Fabien Onteniente, attachés à un lieu particulier. Nous découvrons au contraire chaque année de nouveaux endroits, alternant les bords de mer et l'intérieur des terres,

L'apprentissage de la glisse, ou la course vers l'adolescence.

la plage et la montagne. Nous visitons la côte Basque et les Landes, l'île de Ré et la Baule, le Vercors et le Périgord, les Alpes…

Mes parents appartenant au corps enseignant, nous avons accès à des campings réservés au personnel de l'Éducation nationale et « autogérés ». Nous échappons ainsi aux soirées « beaufs » et autres activités collectives pénibles. L'inconvénient est que dans « autogestion », il y a « tâches et corvées ». En l'absence de femme de ménage et de personnel, les campeurs sont priés, chacun à leur tour, de nettoyer les sanitaires et d'accueillir les nouveaux arrivants. Des obligations que nous laissons volontiers aux parents pour mieux goûter au bonheur de nous retrouver entre ados au cours de soirées où nous avons la permission de minuit, plongeant peu à peu, sans crier gare, dans l'adolescence et les années lycée.

Le camping : une véritable institution.

Un message t'attend forcément quelque part…

Toujours connecté

KskC ce tk (Qu'est-ce que c'est ce truc) ? Assurément un nouveau langage qui apparaît et se répand en même temps que les SMS (Short Message Service), eux-mêmes issus de ces téléphones qui ne nécessitent désormais plus de fils ni de base fixe, sortent dans la rue, se glissent dans les poches, polluent les concerts, les cinémas et les trains et permettront bientôt, étrange paradoxe, de s'envoyer de courts messages écrits. Les années 2000 sont celles de la connexion permanente via *les nouvelles technologies et les réseaux sociaux. Les tchats ont remplacé la tchatche, les mails, les courriers ancestraux, les discussions se font par écrans interposés, les amis sont virtuels et la communication, instantanée.*

Ainsi, le réseau développé en 2004 par Mark Zuckerberg pour ses condisciples de Harvard sous le nom de Facebook conquiert à l'époque toute la planète. En 2010, il compte plus de 500 millions d'utilisateurs, faisant de son créateur, jeune étudiant de 20 ans, un multimilliardaire. Internet devient un immense réseau auquel plus rien ni personne n'échappe. Les enfants de primaire discutent par écrit via MSN (Microsoft Network) et les cadres tournés vers l'international se réunissent en visioconférence via *Skype ou d'autres logiciels. Les rues sont pleines d'accros qui communiquent en pianotant sur leur téléphone portable. Le Président Nicolas Sarkozy, lui-même adepte du SMS, s'y adonna même au cours d'une audience avec le pape…*

2006-2009

Les années lycée

La Wii, l'autre jeu incontournable des petits écrans.

Génération Facebook

De mes années lycée, il reste avant tout un mot : Facebook. Il dit bien ce que représenta pour nous l'émergence des réseaux sociaux, des téléphones portables et des nouvelles technologies. Nous sommes l'une des premières générations à avoir expérimenté ce nouveau monde qui nous a rendus

Chronologie

Février 2006
Début du mouvement contre l'instauration du Contrat de première embauche (CPE) voulue par le gouvernement Villepin.

25 décembre 2006
Le chanteur américain James Brown, figure mythique de la musique soul, meurt à Atlanta (États-Unis) à l'âge de 73 ans.

30 décembre 2006
L'ancien dirigeant irakien Saddam Hussein est exécuté par pendaison à Bagdad après avoir été chassé du pouvoir par l'armée américaine.

9 janvier 2007
Steve Jobs, PDG d'Apple, présente le premier iPhone. Commercialisé en juin, il révolutionnera le marché du téléphone portable.

22 janvier 2007
Henri Grouès, connu sous le nom de l'abbé Pierre, fondateur d'Emmaüs et militant inlassable contre l'exclusion et la pauvreté, meurt à Paris à 94 ans.

6 mai 2007
L'ancien ministre de l'Intérieur, Nicolas Sarkozy (UMP), devance la candidate socialiste Ségolène Royal et est élu président de la République.

Septembre 2008
La faillite de la banque américaine Lehman Brothers précipite l'éclatement d'une crise bancaire internationale qui fait plonger la Bourse et entraîne une profonde crise économique.

4 novembre 2008
Fils d'un Kenyan et d'une Américaine, Barack Obama est le premier Afro-Américain à être élu président des États-Unis.

6 avril 2009
À l'Aquila, dans le centre de l'Italie, un important tremblement de terre fait 308 morts et plus de 25 000 sans-abri.

1er juin 2009
L'avion Air France qui reliait Rio de Janeiro à Paris disparaît dans l'océan Atlantique avec 228 personnes à son bord.

25 juin 2009
La pop-star américaine Michael Jackson meurt à Los Angeles (États-Unis) d'une overdose de médicaments. À 50 ans, il avait vendu plus d'une centaine de millions d'albums.

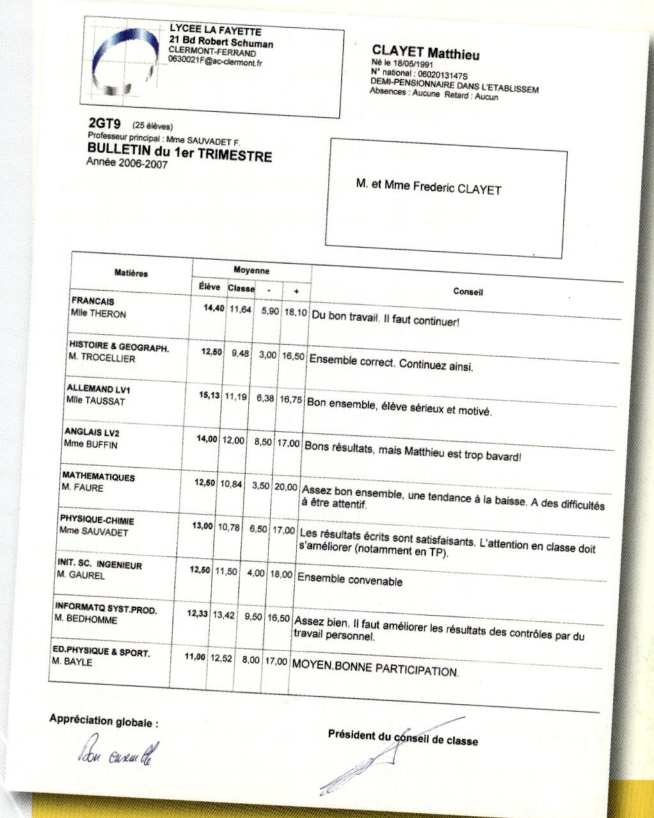

LYCEE LA FAYETTE
21 Bd Robert Schuman
CLERMONT-FERRAND
0630021F@ac-clermont.fr

CLAYET Matthieu
Né le 18/05/1991
N° national : 0602013147S
DEMI-PENSIONNAIRE DANS L'ETABLISSEM
Absences : Aucune Retard : Aucun

2GT9 (25 élèves)
Professeur principal : Mme SAUVADET F.
BULLETIN du 1er TRIMESTRE
Année 2006-2007

M. et Mme Frederic CLAYET

Matières	Moyenne				Conseil
	Élève	Classe	-	+	
FRANCAIS Mlle THERON	14,40	11,64	5,90	18,10	Du bon travail. Il faut continuer!
HISTOIRE & GEOGRAPH. M. TROCELLIER	12,50	9,48	3,00	16,50	Ensemble correct. Continuez ainsi.
ALLEMAND LV1 Mlle TAUSSAT	15,13	11,19	6,38	16,75	Bon ensemble, élève sérieux et motivé.
ANGLAIS LV2 Mme BUFFIN	14,00	12,00	8,50	17,00	Bons résultats, mais Matthieu est trop bavard!
MATHEMATIQUES M. FAURE	12,50	10,84	3,50	20,00	Assez bon ensemble, une tendance à la baisse. A des difficultés à être attentif.
PHYSIQUE-CHIMIE Mme SAUVADET	13,00	10,78	6,50	17,00	Les résultats écrits sont satisfaisants. L'attention en classe doit s'améliorer (notamment en TP).
INIT. SC. INGENIEUR M. GAUREL	12,50	11,50	4,00	18,00	Ensemble convenable
INFORMATQ SYST.PROD. M. BEDHOMME	12,33	13,42	9,50	16,50	Assez bien. Il faut améliorer les résultats des contrôles par du travail personnel.
ED.PHYSIQUE & SPORT. M. BAYLE	11,00	12,52	8,00	17,00	MOYEN.BONNE PARTICIPATION.

Appréciation globale :
Bon ensemble

Président du conseil de classe

Le redouté bulletin trimestriel envoyé aux parents.

à la fois autonomes et un peu « scotchés », dépendants de nos appareils et de ces modes de communication. Le premier téléphone a pourtant pour but premier de rassurer nos parents, qui peuvent ainsi être certains que nous sommes toujours sains et saufs. Affrontant enfin seuls de nouveaux territoires inconnus du haut de nos 15 ans, nous ne sommes nous-mêmes pas trop mécontents d'avoir dans la poche ce lien virtuel, cette possibilité d'appeler au secours, au cas où...

Michael Jackson, le roi de la pop, est mort.

Très vite pourtant, une fois intégrés dans l'univers du lycée, nous n'avons plus le même rapport avec notre portable. Le lien qu'il établit avec nos parents devient plus une contrainte qu'un soulagement, une chaîne qu'on apprend vite à briser en évitant de répondre à leurs appels et en oubliant de les rappeler, sauf en cas de nécessité absolue – c'est-à-dire quand il faut que quelqu'un vienne nous chercher à Pétaouchnock. Notre téléphone est désormais réservé aux copains et aux copines, conservations sérieuses ou échanges de SMS dérisoires, infos sur les cours ou précieuse aide pour rédiger une rédac', tentatives d'approche ou règlements de comptes, insultes faciles et déclarations en quelques caractères. Si les générations qui nous ont précédés s'envoyaient en classe des petits mots pliés ou roulés en boule, parfois interceptés ou ramassés par un prof, nous communiquons quant à nous, d'un bout à l'autre de la salle, par SMS.
De même, contrairement à ceux qui nous ont précédés dans les couloirs du lycée, les relations garçons-filles ne commencent plus par la promesse d'un rendez-vous seul à seul dans un bar de la ville, mais par l'échange – ou non – du précieux numéro de portable ouvrant la voie à des échanges intimes. « T'as son 06 ? »

Livre culte, âprement attendu, précieusement conservé…

La saga Harry Potter

Harry Potter, Hermione Granger, Hagrid et Dumbledore… ces noms résonnent pour longtemps dans la tête de millions d'enfants, d'adolescents et même d'adultes. Ce sont les célèbres personnages de l'école de sorciers de Poudlard, que l'écrivaine britannique J. K. Rowling a fait naître et prospérer dans sept romans au succès planétaire. De Harry Potter et l'école des sorciers (1997), le premier de la série, à Harry Potter et les reliques de la mort (2007), l'ultime opus, l'univers mi-imaginaire, mi-réel des sorciers et des moldus a captivé des générations de lecteurs qui attendaient avec impatience chaque nouvelle sortie, n'hésitant pas à faire, de nuit, plusieurs heures de queue pour découvrir la suite des aventures de leurs héros.
La saga de J. K. Rowling, vendue à plus de 400 millions d'exemplaires à travers le monde, traduite en plus de 70 langues, a été portée à l'écran avec un succès tout aussi considérable. Les producteurs des différents films-épisodes sont parvenus à reconstituer fidèlement l'univers et le décor inventifs et magiques de la romancière. Véritable phénomène de société, Harry Potter a donné naissance à de multiples événements et produits dérivés, se faisant ainsi connaître également de ceux qui n'avaient ni lu, ni vu la saga à succès. Aujourd'hui, le monde entier a entendu parler du sorcier.

Cinq minutes sans portable, juste pour la photo.

« Nous, à notre époque... »

Mon premier portable, un Nokia bleu ayant déjà bien vécu, m'est confié par ma mère. Aujourd'hui largement dépassé, cet engin ne fait alors office que de téléphone, c'est-à-dire qu'il ne sert qu'à t-é-l-é-p-h-o-n-e-r – mais oui ! – et à envoyer et recevoir des SMS. Pas de photo, pas d'accès à Internet, pas non plus de vidéo. Si mes parents consentent à me payer un abonnement pour mon entrée en seconde, certains de mes copains en ont déjà un depuis le collège. Le débat est alors encore vif quant à l'âge auquel on peut doter son enfant d'un téléphone : beaucoup le considèrent comme un gadget inutile, nocif pour l'apprentissage nécessaire de l'autonomie. Nous deviendrons des perpétuels assistés, des gamins pour toujours immatures, incapables de couper le cordon ombilical qui prend désormais la forme d'ondes téléphoniques ! Lequel d'entre nous n'a pas entendu l'inévitable « Nous, à notre époque... on se débrouillait très bien sans » lâché par des parents réfractaires ? N'empêche, malgré les réticences et les objections, rares sont les lycéens qui n'en possèdent pas. Ceux-là passent pour des « paumés », des éléments un peu « différents », sur qui pèsent des regards d'incompréhension et de compassion...

Les mêmes débats font rage à propos de Facebook et de MSN, les deux grands réseaux sociaux qui occupent déjà une bonne partie de notre temps et nous permettent, à peine rentrés de classe, de communiquer à nouveau avec ceux qu'on vient de quitter. Nos parents les voient comme des sources

Le lycée, ou le temps des épreuves…

de dangers potentiels : de méchants pervers risquent d'y repérer et d'attirer d'innocentes proies. Il faut faire attention, ne pas communiquer avec des inconnus, livrer le moins d'informations possibles et surtout, refuser tout rendez-vous. Nos parents s'en méfient d'autant plus que ces échanges leur échappent totalement. Contrairement à ce que certains prétendaient, le portable et ses dérivés nous ont bien rendus autonomes !

Justin « La mèche » Bieber, l'icône incontournable des collégiennes et lycéennes.

« Koh-Lanta », quand la réalité dépasse la fiction.

La télé est réelle

Il y a ceux qui sont plutôt aventure et exploit sportif et penchent pour « Koh-Lanta » et « Pékin Express », ceux qui sont plutôt musique et chanson et regardent la « Nouvelle Star » et « Star Academy », ceux qui aiment la bouffe et sont accros au « Dîner presque parfait », ceux qui préfèrent les petits secrets des anonymes (« Secret Story ») ou le jeu de séduction (« L'Île de la tentation »).... Au pays de la télé-réalité, il y en a pour tous les goûts. Apparu outre-Manche au début des années 2000, ce nouveau genre de programmes connaît un énorme succès tout au long de la décennie. Régulièrement qualifiée de « télé poubelle » et dénoncée pour son « voyeurisme malsain » et la gloire factice qu'elle réserve à ses héros, la télé-réalité se décline en d'innombrables émissions abordant tous les domaines, mêlant vedettes du moment et inconnus rêvant de célébrité. Scénarisée, habilement montée, savamment découpée, elle privilégie la proximité et l'identification du téléspectateur. Loin des soap *et autres séries américaines au décor improbable et aux aventures extraordinaires, ces programmes se veulent imprégnés par le réel, le vrai, faisant intervenir non pas des acteurs professionnels récitant un texte, mais des gens aux réactions inattendues face à des situations et des confrontations sans artifice. Le feuilleton du quotidien, habilement mis en scène, surclasse ainsi, pour des millions de téléspectateurs, le suspense de la fiction.*

Au ski comme ailleurs, le besoin des copains.

Des kebabs aux manifs

Le temps du lycée apparaît alors comme un début de plongée dans l'âge adulte, avec ses dangers et ses problèmes, mais aussi ses avantages. On peut ainsi, par exemple, commencer à conduire une voiture et obtenir, avant même de passer le bac, le permis de s'en aller et de voyager. Pour ma part, je dois avouer que j'ai dû attendre plus longtemps que d'autres : il m'a fallu repasser quatre fois ce foutu examen avant d'obtenir le précieux document et la liberté qui va avec !

Avec ou sans permis, nous faisons l'apprentissage des sorties entre lycéens : bouffes dans des fast-food ou arrêts aux kebabs, bières partagées dans la rue et séances de cinéma. Nos moyens financiers limités nous poussent à squatter les McDo des après-midi entiers. Nous apprenons aussi à apprécier les soirées et les fêtes teintées d'alcool et de tabac. Après avoir été un militant extrêmement virulent du « No smoking » durant mes années collège, je prends goût, comme beaucoup, aux pauses « clopes » partagées, aux « juste quelques taffes » dans l'ambiance débridée des nuits festives puis, peu à peu, à la consommation journalière de cigarettes. De même, si, pendant longtemps, je ne suis pas parvenu à comprendre comment les adultes pouvaient avaler des boissons aussi âpres que le vin, je ne suis plus le dernier à boire mon coup… De sorte que, verre à la main et clope au bec, j'ai l'impression de tourner définitivement le dos à mon enfance. Il en reste tout de même quelques traces, comme ces inévitables bagues censées nous laisser des dents parfaites mais qui, en attendant, rendent notre sourire un peu métallique.

Au sentiment d'être adultes contribue aussi l'expérience des premiers jobs, des premières rémunérations et des premières cartes de retrait d'argent : peu à peu, on dispose de tout l'attirail pour jouer aux grandes personnes. Il nous vient même des idées et une conscience politiques et, pour ma part, – comme beaucoup d'autres, à en juger par l'importance des manifs –, je reçois mon baptême militant en participant à la lutte contre la réforme des lycées voulue par le ministre Xavier Darcos. En décembre 2008, ce mouvement de protestation prend une ampleur considérable. Nous montons un blocus du lycée et tentons de l'imposer aux établissements qui refusent de nous rejoindre. Nous déboulerons ainsi en nombre, décidés et remontés, devant un lycée réfractaire avant de détaler, sans demander notre reste, à l'arrivée des CRS ! La réaction gouvernementale est ferme – ceux qui, parmi nous, n'ont pas eu la bonne idée de déguerpir se retrouveront au poste, puis poursuivis en justice pour rébellion et condamnés pour l'exemple. L'histoire retiendra pourtant que le ministre a fini par ravaler sa réforme et beaucoup des futurs électeurs que nous sommes se rappelleront par la suite de la réponse quelque peu disproportionnée du pouvoir en place à nos manifestations bon enfant…

Malgré les nouvelles technologies, nous apprécions encore les jeux en plein air !

Au Paléo Festival de Nyon (Suisse).

Tryo

Été 2007 : Guizmo, Manu, Mali et Danielito entonnent L'Hymne de nos campagnes devant un public immense et déjà conquis : « Pas de boulot, pas de diplôme / Partout la même odeur de zone / Plus rien n'agite tes neurones / Pas même le shit que tu mets dans tes cônes. » Rythme reggae et mélodie pop, chanson étendard d'une jeunesse un peu rebelle, un peu écolo, ancrée dans la société et les problèmes d'aujourd'hui, le succès des quatre de Tryo enflamme, tout au long d'une tournée événement, des foules qui reprennent en chœur le refrain : « C'est l'hymne de nos campagnes / De nos rivières, de nos montagnes / De la vie man, du monde animal / Crie-le bien fort, use tes cordes vocales ! » Après plus de dix ans d'existence, le groupe, maniant l'humour et la dérision, fuyant les médias et les circuits classiques, ne semble pas, malgré la consécration, près de se renier. Toujours débonnaires, ni stars ni people, musiciens sans look ni prétention, Cyril Célestin, Christophe Mali, Emmanuel Eveno et Daniel Bravo continuent de dénoncer sur des rythmes légers et des paroles acerbes les maux du moment. Un coup de griffe contre « l'arnaque artistique » et la « Star Academy », de féroces attaques contre la Françafrique, la politique en matière d'éducation, le gouvernement de Jacques Chirac – « impunité zéro contre notre président », George Bush, les extrêmes, Le Pen, Pasqua, la crise, etc., rien n'échappe au regard critique mais plein d'humanité de ce groupe atypique qui entend, malgré tout, diffuser un message positif : « Mobilisez-vous pour faire partie du paysage » ou « Peuple d'Occident / réveille-toi, réveille-toi »…

Les années passent, mais les séjours au ski demeurent.

Les derniers feux de l'enfance

L'apprentissage de l'autonomie se fait aussi pendant les vacances quand, pour la première fois, nous partons entre copains dans la maison de campagne de l'un de nous. Premier (court) séjour où nous devons faire nous-mêmes nos courses, gérer notre budget, concocter notre bouffe et même nous lancer dans le ménage. Compte tenu de notre budget et de notre inexpérience, tout cela n'a rien d'emballant… Et même si je suis tout près d'être majeur, mes vacances restent essentiellement familiales. Y compris l'été au camping où, nous couchant tard dans la nuit après des soirées entre jeunes pour nous réveiller à l'heure du déjeuner, un peu décalés et barbouillés, nous ne faisons qu'entrapercevoir les parents…

Les garçons comme
les filles jouent au foot.

Le temps a passé. Nous voilà déjà adultes, laissant derrière nous l'univers du collège et du lycée qui fut pendant tant d'années le décor de notre vie, soufflant nos dix-huit bougies comme on éteint les derniers feux d'un monde perdu : celui de l'enfance et de l'insouciance.

Un incontournable
des vacances d'été :
les descentes en canoë.

Souvenez-vous de vos **premières années...**

Nous, les enfants de...

76 titres, **de 1923 à 1998**, sont **déjà disponibles !**

Grandir à... / Notre enfance

Retrouvez la région ou **la ville** qui vous a vu grandir.

Hier et aujourd'hui

Laissez-vous entraîner dans le **passé...**

De nombreux autres titres sont en préparation.
Pour plus d'informations, retrouvez-nous sur notre site : **www.editions-wartberg.com**

Éditions Wartberg | Un département de
Wartberg Verlag GmbH & Co. KG.
Im Wiesental 1
34281 Gudensberg-Gleichen
Allemagne

Diffusion – Distribution SOFEDIS
11, rue Soufflot,
75005 Paris
Tél. 01.53.10.25.25, Fax 01.53.10.25.26